La guia definitiva per triar el teu *software* de gestió empresarial

(i no lligar-te de peus i mans)

Els autors. Per ser honestos hauríem de dir que els autors reals d'aquesta guia han estat els nostres clients. Ells ens han transmès, amb major o menor grau de neguit, la majoria de situacions que detallem, i ens han fet veure la necessitat de recollir-ho tot plegat i de donar-li un format que pugui ser útil per altres empreses que hagin d'afrontar la compra o substitució d'un ERP.

Però si bé els nostres clients han estat una font d'inspiració impagable, la guia l'hem redactada i editada internament. Pràcticament tots els que formem part de NaN·tic hem fet algun tipus d'aportació que està recollida en aquestes pàgines. No obstant això, hi ha dues persones que s'han fet càrrec del projecte:

Albert Cervera

D'ell va sortir la idea. L'Albert va ser qui considerava imprescindible generar aquest tipus de contingut, qui va pensar en com s'havia d'organitzar, qui va fer els primers esborranys i qui ha supervisat el projecte.

Sorprenentment l'Albert no és editor literari, sinó enginyer informàtic i té un postgrau en direcció financera. Però també és un dels socis fundadors de NaN-tic i el consultor de la majoria de projectes importants en els que treballa la companyia. El seu desmesurat interès per l'open source l'ha portat a col·laborar en diferents iniciatives relacionades amb les tecnologies lliures. Si us interessa aquest àmbit és possible que us el trobeu com a ponent d'alguna conferència o com a col·laborador d'algun projecte destacat.

Marc Redorta

És qui ha ordenat, escrit, revisat i traduït gairebé tot el què heu llegit en aquestes pàgines.

En Marc és consultor en comunicació i màrqueting, amb experiència en diferents empreses i projectes relacionats en l'àmbit del software de gestió empresarial. Col·labora amb NaN-tic des del 2012, ajudant-nos a posicionar l'empresa i a aconseguir més i millors clients. També ha treballat en diferents administracions i mitjans de comunicació d'abast nacional. I, admetem-ho, té certa gràcia escrivint.

Índex

1 / Si estàs llegint aquestes línies 6

2 / SOS, necessito un *software!* 8

3 / Com es comença a buscar un ERP? 10

4 / Els primers noms, els que més paguen 12

5 / És millor el programari lliure 15

6 / Comença la ronda de consultes 17

7 / Les 10 preguntes que has de fer abans de triar l'eina 24

8 / Decideix 30

9 / Els consells imprescindibles 31

10 / Glossari 32

11 / Annex. Algunes consideracions sobre el programari lliure 36

1 / Si estàs llegint aquestes línies, el més probable és que t'estiguis plantejant instal·lar un nou *software* per a la teva empresa. O també és possible que ja ho hagis fet en el passat i que l'experiència hagi estat prou dolorosa com perquè ara vulguis intentar entendre en què et vas equivocar. Doncs continua llegint.

Vàrem decidir escriure aquesta guia després de constatar com d'amoïnats estaven els directius i els informàtics que se'ns acostaven per demanar-nos consell. La gran majoria o bé havien passat per una mala experiència prèvia o bé tenien pànic a haver-la de passar. I com que ens agrada compartir el que coneixem, vàrem optar per repassar quins són els principals errors que es cometen a l'hora de seleccionar un *software* de gestió i quines recomanacions podem fer per minimitzar-los.

I aquí la tenim. *La guia definitiva* per triar el teu *software* de *gestió empresarial* vol ser com la recepta de cuina que et permet crear un plat al qual no t'has enfrontat mai i reduir els riscos més importants i, al mateix temps que deixes marge a la teva iniciativa. Perquè, en el fons, i com podràs comprovar de seguida, el principal problema és que habitualment no hi ha mai ningú prou preparat a l'empresa per prendre una decisió com aquesta. El desconeixement del producte i de la tecnologia ens deixa a mercè dels comercials i de les seves habilitats per vendre, i massa sovint acabem decidint basant-nos en la intuïció i no en la informació real de què disposem.

I abans de començar, una última cosa... No esperis que et diguem quin *software* és el que has d'escollir. Això no ens correspon a nosaltres. T'explicarem com afrontar el procés, et direm en què t'has de fixar i quines preguntes has de fer als comercials, t'asenyalarem les trampes més habituals que pots trobar en el camí i fins i tot com superar-les. Però no hem escrit aquesta guia per vendre't un producte. Volem ajudar-te que afrontis el procés de selecció amb informació i sense el neguit i la tensió de no saber si allò que t'estàs quedant és el que realment necessites i té el preu que ha de tenir.

Això sí, no volem estar-nos de dir-te que ens agrada molt el programari lliure, aquell *software* fet de forma cooperativa i que es pot modificar i distribuir lliurement, sense restriccions de cap classe. Forma part de la nostra manera d'entendre el món en el què vivim i treballem. Per això també volem aprofitar aquestes pàgines per explicar què poden oferir les tecnologies lliures a les empreses. Volem que les

contemplis com una possibilitat més dins de l'ampli ventall de solucions de gestió que hi ha al mercat, i que després puguis decidir què és el que t'interessa amb convicció i amb llibertat.

2 / SOS, necessito un *software!*

Ho saps. La gestió de la teva empresa s'acosta perillosament als límits del caos. La gestió diària no està sistematitzada. Els clients no reben els productes o serveis en el temps que caldria. El procés de facturació és cada dia més complex. Els canvis normatius i fiscals et suposen extraordinaris maldecaps addicionals. La informació no està centralitzada. Els comercials utilitzen eines poc àgils. No disposes de la informació adequada per prendre solucions estratègiques. Ets incapaç de planificar adequadament recursos. Les teves perspectives de creixement es veuen molt limitades. La tecnologia actual ja no s'adapta a les eines que vas adquirir fa massa anys... En definitiva, estàs perdent el control de la companyia.

I reconeguem-ho: seleccionar un ERP, un CRM o qualsevol eina de gestió fa una basarda extraordinària. El procés serà llarg i la inversió trigarà mesos a retornar en forma de beneficis. Els empleats que hauran d'usar el nou sistema el rebutjaran d'entrada i, per si encara fos poc, mai tindràs la certesa que has pres la decisió més adequada. Has d'encertar producte i proveïdor, per un preu just i amb una tecnologia que no et quedi curta en pocs anys ni que et sobri programa pertot arreu. A no ser que el teu proveïdor informàtic plegui o et digui que es jubila, mai arriba el moment ideal per començar a mirar alternatives.

La temptació de tancar la guia en aquest punt és gran, ho sabem. Però per això l'hem escrita. Ningú ha dit que seria fàcil.

Per una banda, cal tenir en compte que el nombre de vegades que s'adquireix una solució d'aquestes característiques en una empresa és relativament petit. Una persona també s'enfronta poques vegades en aquest procés al llarg de la seva vida professional i, a més, des d'aquesta vegada a la següent, les tecnologies han canviat tant que bona part de l'experiència es fa difícil d'aprofitar.

Per altra banda, és important pensar en les conseqüències, què significarà tenir aquest nou programa per a l'organització. Sovint s'hi hauran posat nombroses expectatives, però això també significa que ens crearà una enorme dependència. I recordem-ho, no solament tindrem dependència del producte, sinó sovint també de l'empresa que ens proveeix els serveis, bé siguin de consultoria, formació, programació o allotjament.

Així doncs, **CONSELL NÚMERO 1: comença a treure't del cap el fet de seleccionar el programa ràpidament i de posar-lo en marxa en pocs dies o setmanes.** No perquè no sigui factible, que podria ser-ho en alguns casos, sinó per les conseqüències que tindries l'endemà i que no són gens recomanables.

3 / Com es comença a buscar un ERP?

Les tres maneres més habituals són les següents:

a. Digues a l'informàtic que busqui un ERP.
b. M'han dit que hi ha un ERP que és la pera.
c. No tinc ni idea de quin ERP puc necessitar.

Gairebé sempre, els tres casos acaben de la mateixa manera, és a dir, amb algú que entra a Google i comença a buscar proveïdors d'aquest tipus d'eines. En el primer cas, l'informàtic segurament centrarà més la seva recerca segons criteris tecnològics. En canvi, en el segon cas, probablement es començarà cercant un producte d'un fabricant determinat que ens vingui recomanat per algú. I en el darrer cas, s'iniciarà el procés d'una forma absolutament aleatòria.

Però, de fet, la cadena de paraules claus que es posin en el cercador que des de fa uns anys guia les nostres vides condicionarà extraordinàriament el procés que és a punt de començar.

Els algoritmes que regeixen els motors d'indexació i recerca de Google són el secret més ben guardat del segle XXI. Ningú sap exactament com recerquen, indexen i classifiquen les cerques que apareixen després de posar alguna paraula clau. Això sí, habitualment, qui més diners es gasta a Google, més possibilitats té de ser trobat.

En la majoria d'ocasions, el procés de recerca d'un ERP comença posant alguna de les paraules següents al cercador:

ERP, PROGRAMA DE GESTIÓ EMPRESARIAL, *SOFTWARE* DE GESTIÓ, ERP BARAT...

I la màgia de Google (combinada amb la inversió dels anunciants) oferirà uns resultats determinats.

En aquest punt cal dir que no s'han registrat casos de gent que hagi passat de la primera pàgina de cerques, malgrat que n'hi ha centenars. Tothom es queda amb allò que veu a la pantalla després de prémer la icona de la lupa. I normalment, dels

resultats que obté, selecciona de primer cop d'ull els que s'ajusten més al que està buscant i els obre en pestanyes correlatives. La primera selecció, doncs, està feta.

Els fabricants o distribuïdors que estiguin en alguna de les pestanyes obertes tenen moltíssimes més possibilitats d'aconseguir un nou client que els que s'han quedat com un trist i simple enllaç més ofert pel cercador. I ho saben. Per això veuràs que si fas la cerca amb diferents paraules claus, els resultats que ofereix Google gairebé són sempre els mateixos.

Possiblement aquest sigui un dels primers i més importants errors en el procés. La recerca del producte que necessites ha de fer-se allunyada dels proveïdors i dels agents comercials. Tant si ets el director general de l'empresa, com si n'ets el gerent o el responsable informàtic, et recomanem que inverteixis un temps a recollir documentació sobre què hi ha al mercat i ho plasmis en un document. Cal fer una llista, per exemple, de 10 productes, el màxim de diferents entre si, i, al costat de cada producte, recollir avantatges i inconvenients que hagin detectat aquelles persones que ja l'hagin instal·lat a la seva organització. Per això caldrà navegar per fòrums d'usuaris o llegir articles de revistes o blogs especialitzats. Però no serà un temps perdut, ans al contrari. Amb aquesta informació podràs fer una mena de llista de punts forts i punts febles associats a cada producte que et permetrà tenir un primer mapa visual dels problemes i les oportunitats que tens per endavant. I que no són poques.

I aquí arriba el **CONSELL NÚMERO 2: la primera cerca ha de ser més exhaustiva del que pensaves. Hauràs de dedicar més temps, ampliar el zoom i allunyar-te dels missatges comercials intencionats.** Si ho fas, reduiràs molt les possibilitats d'equivocar-te.

4 / **Els primers noms, els que més paguen.** Això és així i t'ho demostrarem. Has començat la recerca i de seguida han arribat a la teva pantalla els noms dels productes de grans fabricants: Microsoft (Navision), SAP (Business One), Sage (Murano), Oracle... És important posar-los a la llista i tenir-los en compte, així com fer-ho amb d'altres de més "artesanals" que també t'arribaran. Però tots ells tenen una cosa en comú: són programes privatius.

El programari privatiu és el que hem conegut tota la vida. És el Windows, l'Outlook o l'Office. Són aquells programes dels quals no hem mirat mai la llicència i sabem, ho haguem complert o no, que legalment no en podem fer còpies. I com a usuaris tampoc ens hem preocupat d'investigar si el programa feia exactament el que ens deien o feia alguna cosa més que potser no desitjàvem (per exemple, s'ha pogut demostrar que productes de Microsoft enviaven informació de l'usuari al fabricant sense el seu consentiment).

Aquests programes els comprem i els instal·lem en els nostres sistemes, i fins i tot n'hi ha que ja vénen instal·lats d'origen. Si volem les noves versions, normalment anem pagant i si no volem passar a les següents versions, deixem de pagar i s'ha acabat la història. Mirar la llicència del producte, reconeguem-ho, fa basarda, però sempre ofereix més tranquil·litat. S'han donat casos de persones que es pensaven que havien comprat i instal·lat un ERP en el seu ordinador i resulta que estaven simplement de lloguer segons la llicència, amb els costos afegits que això suposava d'actualitzacions i noves versions.

En l'àmbit del programari lliure, tot això és radicalment diferent. El que qualifiquem com a programari lliure o de codi obert són aquells programes que poden ser modificats o copiats de forma lliure i legal perquè l'usuari té accés al codi font. De seguida entrarem en els avantatges i els inconvenients que això comporta, però així, d'entrada, aquesta característica ja esvaeix qualsevol neguit a l'hora de fer còpies del programa. Amb el programari lliure, el concepte "llicència" queda completament devaluat, no importa. Podem copiar-lo i instal·lar-lo a tants equips com vulguem sense preocupar-nos-en. Estem fent quelcom completament legal i gratuït.

Per entendre-ho una mica millor tot plegat, deixa'ns explicar-t'ho amb **LA METÀFORA GASTRONÒMICA.**

Una llicència és el conjunt de restriccions que el propietari intel·lectual d'una obra imposa a aquelles persones a les quals cedeix la possibilitat de fer-ne ús. I, tradicionalment, els programes informàtics han posat restriccions força severes al comprador/consumidor pel que fa al dret de fer-ne noves còpies o modificar-los per adaptar-los a les pròpies necessitats. De fet, molts dels programes són tan opacs que no ha estat possible ni examinar-los per un professional per esbrinar si fa realment allò pel qual els hem comprat.

Podríem dir que el codi font és als programes informàtics el que una recepta és a un plat de cuina. Un cuiner pot decidir fer tres coses amb un plat que hagi creat: en primer lloc, pot decidir que no farà publica la recepta. Això vol dir que qui vulgui menjar aquell plat només pot fer-ho anant al seu restaurant. Aquest seria el cas del programari de propietat, el més habitual avui en dia. Si vols utilitzar el programa, el compres, però no podràs saber com està fet.

Però el cuiner també pot decidir explicar els ingredients que componen la recepta per tal que tinguem la tranquil·litat que el plat no ens farà mal. Ho apreciaran els celíacs, els intolerants a la lactosa o els al·lèrgics a alguns aliments. Però resulta que el cuiner decideix no explicar-nos els passos que ha seguit per a l'elaboració de la recepta. En l'àmbit informàtic, estaríem davant del cas d'una llicència que ens permet veure el codi, però no reproduir ni adaptar el programa a les nostres necessitats.

Finalment, el cuiner pot decidir facilitar la recepta completa, de manera que qui vulgui podrà intentar fer-se el plat a casa o adaptar-lo als seus gustos o necessitats. Fixem-nos que en aquest cas, el cuiner només es podrà guanyar la vida si és capaç d'innovar constantment. No tindrà cap exclusivitat, perquè el comensal podrà decidir en qualsevol moment cuinar-se el plat ell mateix. No vols dinar... vols que et sorprenguin amb nous plats i noves receptes. De fet, els clients d'El Bulli no anaven al restaurant atrets simplement pel renom de Ferran Adrià, sinó per la seva capacitat de sorprendre'ls. I passa el mateix amb el programari lliure: no valdrà fer una cosa ben feta una vegada i després viure'n una temporada, perquè tothom ho podrà copiar, i fins i tot millorar-ho, perquè disposarà de tota la informació per fer-ho.

I fins aquí LA METÀFORA GASTRONÒMICA perquè la cosa és encara més complexa. Només en programari lliure podem trobar més de quaranta llicències diferents, però sempre tindran el denominador comú que sempre es facilitarà la recepta completa i el consumidor la podrà reproduir sempre que vulgui i podrà adaptar-la. No és l'objectiu de la guia fer un màster al lector sobre totes les llicències, però val

la pena esmentar, per a aquell que hi tingui interès, el web http://www.tldrlegal.com on es resumeix de forma molt clara i intel·ligible les diferències i característiques d'un bon grapat de llicències lliures.

El problema és que, durant la fase de recerca, algunes d'aquestes alternatives que poden ser estratègicament interessants i que, com a mínim, convé tenir en compte no apareixen entre els primers resultats de Google.

5 / És millor el programari lliure? És difícil de dir.

El fet de ser lliure o privatiu no el fa necessàriament millor o pitjor. És a dir, hi ha programes privatius molt bons i d'altres de molt dolents. I passa exactament el mateix amb el *software* de codi obert. El que passa és que el programari lliure acostuma a sortir amb un cert desavantatge, especialment en l'àmbit dels ERP.

Els ERP privatius fets pels grans fabricants van acompanyats de més màrqueting i de més renom. Això fa que sigui molt més fàcil trobar algú del sector que ja tingui una eina privativa que no pas en *software* lliure. Això fa l'eina millor? No. A vegades pot donar més tranquil·litat a l'usuari i, sobretot, al responsable directe de la compra. La nostra experiència ens indica que, molt sovint, qui s'acaba quedant un producte de SAP o Microsoft ho fa no per convenciment sinó per minimitzar riscos. És a dir, ho fa perquè sap que, internament, ningú li podrà criticar la decisió d'adquirir una eina que ja utilitzen milers d'empreses d'arreu del món, encara que potser sigui més cara i més gran del que realment necessita.

En aquest punt potser el que toca és fer una llista dels principals avantatges i els inconvenients del programari lliure:

Avantatges

- Sol ser gratuït. No cal que et sentis com un delinqüent quan el copies ni que demanis favors a ningú perquè et passi codis de llicència.

- És flexible. Gairebé mai t'has de quedar amb més *software* del que necessites, ni tampoc se't quedarà curt. Pot créixer al ritme del teu negoci.

- És transparent. Ningú et pot enganyar. Qualsevol informàtic pot veure com està programat i fer-hi les modificacions que li demanis.

Inconvenients

- És diferent. Optar pel programari lliure pot comportar migrar bases de dades i altres elements cap a aquest tipus de tecnologia.

- És minoritari. Malgrat que cada vegada té més adeptes, encara hi ha recances a l'hora d'apostar per una tecnologia no majoritària, especialment en el camp dels ERP.

- És accessible. Qualsevol persona pot atrevir-se a tocar un programa en codi obert, perquè pot accedir-hi lliurement, amb el risc que això comporta.

Dit tot això, arribem al **CONSELL NÚMERO 3: quan facis la recerca, no descartis mai les solucions en programari lliure. Analitza-les i valora-les sense prejudicis i pensant en el benefici per a la teva empresa.** I després, pren la decisió que et sembli més adient.

6 / Comença la ronda de consultes. I enllaçant amb el
consell número 3, arriba el **CONSELL NÚMERO 4: ni se t'acudeixi escollir una eina de gestió tu sol. Tot i que suposi invertir temps d'altres empleats i directius de la companyia, escolta molt la seva opinió i fes-los participar de la decisió final.** T'ajudaran més del que et pots arribar a imaginar.

Per què és tan difícil escollir una eina de gestió empresarial? Doncs perquè segur que no ho faràs gaire sovint. Un ERP, per exemple, és un tipus d'eina que, en principi, ha d'acompanyar l'empresa una bona colla d'anys, especialment si l'empresa va creixent i hi ha possibilitats de fer-lo créixer al mateix ritme. Per tant, és molt possible que la persona que hagi d'afrontar el procés de selecció no ho hagi fet mai. O que faci tant de temps de la darrera vegada que l'experiència no sigui gaire aprofitable. Les necessitats i la configuració de la companyia segur que ha canviat, i encara ho haurà fet més la tecnologia, amb noves solucions i fins i tot nous models de negoci per part dels possibles proveïdors.

Caldrà ajuda. Lògicament és poc operatiu i poc recomanable implicar a tota la companyia en el procés de selecció de l'eina. Però volem assenyalar els agents que la nostra experiència ens indica que és imprescindible que hi participin. Són: **el responsable d'àrea, el director TIC, el director financer i el director general.**

El responsable d'àrea

Si estàs pensant a seleccionar un *software* per atendre les necessitats d'una àrea concreta, necessitaràs la complicitat del responsable d'aquella àrea. És a dir, si el departament comercial necessita un CRM per gestionar les oportunitats de negoci i les vendes, caldrà comptar, i molt, amb la seva opinió. Si busques una eina de gestió de magatzems, serà bàsic saber quines necessitats té el responsable del magatzem.

El problema és si necessites un ERP. Un ERP és una eina molt transversal i afecta, pràcticament, a tots els departaments d'una empresa. La producció, l'emmagatzematge, la distribució, la facturació, la comptabilitat, els recursos humans... fins i tot l'àrea comercial o el servei postvenda poden necessitar o utilitzar l'ERP o altres eines que hi vagin vinculades. La bona notícia, doncs, és que si has decidit posar un ERP o substituir el que tens, podràs millorar el rendiment de pràcticament tots els departaments de la

companyia. La mala notícia és que si no prens la decisió encertada, ningú se'n salvarà. L'escenari és, doncs, el següent: has de prendre una decisió estratègica que afectarà de forma determinant la productivitat de la companyia, així com les seves possibilitats de creixement a mig i llarg termini. I tota la gent que t'intentarà vendre el seu producte fa diàriament el que tu potser no has fet mai o, en el millor dels casos, el que vas fer fa un munt d'anys.

De veritat que encara vols prendre aquesta decisió tu sol? Si vols minimitzar-ne els riscos, parla poc i escolta molt. Forma't tant com puguis. I, sobretot, escolta a qui més haurà d'utilitzar el programa.

El director TIC

Imagina't que has de comprar un cotxe. Oi que si tinguessis un mecànic a la família seria absurd no demanar-li consell? És més, oi que el seu punt de vista tindria un valor afegit important a l'hora de prendre la decisió? Oi que escoltaries atentament els avantatges i inconvenients que poden tenir els diferents models que t'agraden? Oi que li preguntaries sobre el manteniment futur de cadascun d'aquests models? Doncs passa exactament el mateix amb la selecció d'una eina de gestió per a la teva empresa.

El director TIC, i fins i tot els tècnics informàtics, han de participar des del primer dia del procés de selecció. De fet, ells saben quines són les millors eines, i no per les funcionalitats que ofereixen a l'usuari, sinó per com estan construïdes. Ells saben quins motors van millor o pitjor, quins són més fàcils de reparar, quins utilitzen una tecnologia robusta i moderna, i quins han quedat desfasats.

I aquí és on, en general, el programari lliure ofereix un avantatge competitiu indiscutible: és completament transparent. Qualsevol persona pot analitzar fins a l'últim detall de com està construït el *software* i, arribat el cas, pot modificar-lo lliurement per adaptar-lo a les seves necessitats específiques. No hi ha trampes, no hi ha sorpreses, no hi ha falses expectatives.

A més, es pot donar la circumstància que la resta de l'*staff* directiu de la companyia no sàpiga calibrar exactament el volum de feina que poden suposar les adaptacions o modificacions que calguin. O, fins i tot, que ningú entengui el grau de compatibilitat entre les diferents eines que ja estan instal·lades... Per tant, l'opinió del director de tecnologia, del cap dels mecànics, ha de ser sempre molt tinguda en compte. Al cap

i a la fi, ell haurà de col·laborar en la instal·lació i implementació de la nova eina i haurà d'ajudar a sincronitzar-la amb la resta de programari preexistent. Obviar o menystenir el seu criteri és un error que pot acabar pagant-se molt car.

El director financer

Acostuma a ser el dolent de la pel·lícula. La seva feina és tenir el control econòmic de la companyia i analitzar com pot optimitzar-ne els recursos. Per tant, qualsevol inversió li pot semblar que arriba en mal moment, que no està prou justificada o que és excessiva. O les tres coses alhora (per què hem d'enganyar-nos?).

Cal que t'esforcis per vèncer les resistències inicials i guanyar-te'l per a la causa. I la manera de fer-ho és ensenyar-li els beneficis que tindrà per a l'empresa en general, i per a la seva tasca en particular, la instal·lació de l'eina que estàs valorant.

En el fons, un ERP és control. És unificació de l'entrada de les dades, més traçabilitat, menys circuits i processos interns, una capacitat millor de planificació i de producció, una capacitat d'anàlisi més gran i, en darrera instància, més i millor informació per prendre decisions estratègiques.

Però, malgrat tot això, un ERP costa diners i temps. Per una banda, suposa una inversió econòmica important que condicionarà el dia a dia de l'empresa i, fins i tot, les seves possibilitats de creixement a curt i mig termini. Però per l'altra, requerirà també de moltes hores de feina en el procés de selecció, durant la implementació, en la fase de formació i, finalment, en l'adaptació al nou sistema per a pràcticament tots els membres de l'empresa que hagin d'introduir-hi dades. Per tant, la presència del director financer en el procés és indiscutible.

I arribem a una de les preguntes més complicades de respondre: "Què val un ERP?". I la resposta més ajustada és "El que tu et vulguis gastar". Els ERP de programari lliure són gratuïts. Cost del programa = 0. I, paral·lelament, hi ha productes al mercat adreçats a grans corporacions que tenen un preu extraordinàriament alt. Però això tampoc vol dir gran cosa. Un ERP no s'instal·la com una aplicació per al mòbil... Requereix moltes hores de feina d'informàtics perquè agafi la informació d'on toca, la processi com s'espera i la mostri de forma adequada. I això s'ha d'analitzar abans, amb deteniment, per assegurar que no apareixeran necessitats sobrevingudes. A més, s'ha d'integrar amb les altres eines i bases de dades que ja existeixin en els

servidors de la companyia, s'han de fer migracions, s'han de fer proves, s'ha de fer formació als usuaris i s'ha de fer "l'arrencada", una paraula que produeix il·lusió i neguit a parts iguals entre els que han comprat el producte i els que l'han venut.

Però encara hi ha molt més. Comprar un ERP o una eina de gestió similar no té res a veure amb cap altre procés de compra o contractació de serveis. Normalment, quan adquireixes un programa t'informen del preu i, habitualment, també del cost del suport o manteniment, o fins i tot de les renovacions de les llicències anuals del programa. Però llavors vénen els extres. Resulta que el sistema gestor de bases de dades que utilitza requereix també una llicència. I potser aquesta llicència també és renovable. I potser quan necessites noves versions del programa caldrà anar-la renovant-la amb alguns extres... I així anar fent. De fet, es fa molt difícil de dir quant val un ERP, però encara més saber quant et costarà. Per evitar qualsevol malentès, als nostres clients els enumerem, en una llista, els costos associats que pot comportar l'adquisició d'una eina d'aquest tipus. La llista pot variar d'un cas a un altre, però en línies generals s'assembla molt a aquesta:

- Pas anual a nova versió de l'ERP
- Pas de les dades del client a les noves versions
- Pas de les adaptacions a les noves versions
- Actualitzacions comptables de compliment obligat
- Allotjament lliure als servidors de NaN·tic, al núvol o als servidors propis del client
- Garantia absoluta. Resolució directa d'incidències sense dependència del fabricant del *software*
- Monitorització del servidor
- Actualitzacions del sistema operatiu del servidor
- Accessibilitat total al codi i a la base de dades
- Còpies de seguretat
- Allotjament de còpies de seguretat en servidor extern
- Connexió remota al servidor del client
- Llicències per a usuari de l'ERP
- Llicències de base de dades
- Llicències de sistema operatiu del servidor
- Llicències per *software* d'accés remot
- Llicències per a *software* de monitorització
- Hores del tècnic per a les actualitzacions d'ERP, base de dades i sistema operatiu del servidor

No tots els extres de la llista han de ser obligatoris o han de tenir un cost, però és imprescindible aclarir-ho. Cal que preguntis si cadascun d'aquests conceptes està inclòs en el pressupost que t'han presentat i si no és el cas, demana que et detallin quin cost tindran.

Per tant, has d'anar assumint que caldrà assignar un pressupost anual al manteniment de l'eina, i que caldrà filar molt prim amb el proveïdor perquè faci una simulació del cost anual que pot tenir, per exemple, l'adquisició i el manteniment de l'eina en els primers tres anys.

Si el preu final de l'operació supera les teves previsions més pessimistes, encara tens dos cartutxos a la recambra: per un costat, valora fer una implantació de l'eina per fases. És a dir, comença amb el mínim possible i fes créixer l'eina en consonància amb la capacitat financera de la teva empresa. En aquest sentit, el *software* lliure, a banda d'eliminar tota la despesa relacionada amb les llicències d'ús, també acostuma a donar més flexibilitat i a permetre més adaptació a les circumstàncies. Pregunta al proveïdor quin és el mínim que requereixes per arrencar i quin seria el *roadmap* de la implantació en els següents anys.

L'altra possibilitat és apostar pel que es coneix com SaaS (*Software as a Service*). Perdràs flexibilitat perquè el programa no es pot adaptar gaire (per no dir gens) a les necessitats corporatives, atès que estarà instal·lat en un servidor extern (cloud). Això permet pagar una quota mensual pel seu ús i el seu manteniment, i permet oblidar noves versions, renovació de llicències i altres conceptes poc atractius per al director financer. El problema és que depèn de quines eines no et seran gaire útils, i les hauràs de descartar.

Conclusió: és complicat seleccionar l'ERP que convé, però encara més saber l'impacte que tindrà sobre les finances de la companyia. Assegura't que en totes les reunions sobre el tema tens el director financer ben a prop.

El director general

Partim de la base que el director general és la persona que té una visió estratègica de l'empresa. I en una empresa moderna, l'eina principal que ajuda a fer-la funcionar no pot passar com un tema marginal. De fet, la selecció d'una eina o una altra té un clar component estratègic segons com la companyia encara els mesos i anys següents.

No és el mateix reforçar tecnològicament l'empresa per començar a exportar, que per obrir nous punts de venda. No és el mateix preveure un creixement petit i sostingut que un salt qualitatiu important fruit d'una compra o d'una injecció de capital. Dit tot això, moltes vegades, el director general no té temps (ni a vegades ganes) de seguir de prop tot el procés. Malgrat tot, la nostra experiència ens fa recomanar que el director general participi en la definició de les directrius inicials bàsiques, que supervisi el procés d'avaluació de les diferents alternatives que hi hagi sobre la taula i que s'impliqui en la decisió final.

Només a tall d'exemple, aquestes són algunes preguntes que al nostre entendre s'hauria de formular el director general per ajudar a prendre les decisions més adequades:

- Hi ha cap problema que les dades estiguin fora de l'empresa?
- Es prioritza una eina més cara però tancada o una de més econòmica però altament personalitzable?
- Quin perfil de proveïdor es busca? De proximitat o de marca?
- Preferim subcontractar els desenvolupaments o volem confiar en els informàtics de l'empresa?
- Quins lligams econòmics i contractuals estem disposats a acceptar?

Com es pot comprovar, tots els grans interrogants giren a l'entorn d'un punt central: la relació amb el proveïdor. Algú va dir que triar un proveïdor, un *partner* (tal com es coneix en l'argot del sector), és com casar-se. És un pas important que estableix un lligam a llarg termini i massa sovint més fort del que es pensen els contraents.

Si insistim en la idea que la selecció de l'eina és un moment crític en la història d'una empresa és perquè no te'n podràs desdir al cap de quatre dies. I llavors no et servirà de res llegir-te la guia a corre-cuita. Adquirir un ERP i vincular-te a un proveïdor s'ha de fer des del convenciment d'haver analitzat degudament totes les propostes factibles que hi ha al mercat, i des de la convicció que el proveïdor és honest, transparent i professional.

En aquest punt volem subratllar la necessitat de ser francs i directes en les negociacions. Quin sentit tindria dir-li al possible proveïdor que la nostra empresa té grans restriccions de pressupost, si després aquesta empresa tindrà accés a totes les nostres dades comptables? Quin sentit té seguir una determinada estratègia de negociació, si després el proveïdor entrarà fins a la cuina i li explicarem com funciona el nostre procés de compra? O, just al contrari, quin sentit tindria demanar assessorament a algú a qui no estem disposats a explicar-li-ho tot?

La relació de confiança plena és essencial i ha d'existir per ambdues parts. Per bo que sigui el producte o bones referències que tinguem del professional, si apareix la desconfiança, hi ha riscos importants. Valora, doncs, la possibilitat d'anar a prendre algun cafè amb l'implantador, abans de prendre una decisió equivocada.

A més, has de tenir present que en el procés d'implantació trobaràs empreses de tot tipus: des de les que no documenten res i amb prou feines t'explicaran què fan, fins a les que ho documenten tot. Alerta aquí també: una exhaustiva documentació de requeriments no garanteix necessàriament l'èxit del projecte. I és que és molt complicat que els usuaris arribin a copsar absolutament tots els detalls de la nova eina només llegint-ne un document. Sempre hi haurà malentesos, així que és probable que sigui preferible un terme mitjà: ni començar a fer coses sense saber què s'està fent, ni esperar a tenir-ho tot, absolutament tot documentat abans de començar. Tenir-ho tot absolutament detallat és una eina millor per a l'integrador que per al client, ja que tenir tots els detalls per escrit li permet dir: "això no ho havíem previst". I heus aquí el **CONSELL NÚMERO 5: davant de dues possibilitats sense grans diferències tecnològiques ni econòmiques, prioritza la bona sintonia i complicitat amb qui te l'ha d'instal·lar i difícilment t'equivocaràs.**

Xavier Fuertes, Col·legi de Periodistes de Catalunya

«El que recomano fer quan dirigeixes o gestiones una empresa és posar-te en mans d'experts. [...] Per a nosaltres és un inconvenient estratègic estar en mans d'una marca o d'una empresa o d'un petit grup de persones que han desenvolupat una eina tan important sense la qual l'empresa no pot ni obrir la porta. [..] Ja tenim dependència amb aquestes tecnologies; doncs, evitar la doble dependència va ser la raó principal per la qual jo vaig recomanar que el Col·legi de Periodistes anés cap al programari lliure.»
http://www.nan-tic.com/ca/xavier-fuertes

T'has documentat molt. Has seleccionat tres o quatre persones claus que t'han d'ajudar a triar l'eina. Heu definit alguns objectius estratègics de la companyia que la nova eina us ha d'ajudar a assolir. Arriba l'hora de la veritat. És el moment que els proveïdors esperen: que els truquis, que els enviïs un correu per dir que la teva empresa està interessada en els seus productes o serveis. Però espera. No ho facis encara. Abans llegeix el següent capítol de la guia.

7 / Les 10 preguntes que has de fer abans de triar l'eina

La nostra experiència condensada en deu preguntes clau. Quan et reuneixis amb els possibles proveïdors, segueix aquest qüestionari per aquest ordre i obtindràs la informació necessària per prendre la decisió encertada. Som-hi.

#1 Fa el que necessito?

Oi que sembla una pregunta òbvia? Doncs fes-la. I pensa que la resposta potser no serà tan simple com esperes. Les aplicacions empresarials acostumen a tenir un gran nombre de possibilitats i diferents maneres d'abordar els problemes. I, per altra banda, també és fàcil caure en l'excés de prestacions. L'aplicació que t'estàs plantejant adquirir fa moltes més coses de les que realment necessites? Això influeix en el seu cost? O en la complexitat d'ús? O en el seu rendiment?

Pensa, per exemple, en una eina per gestionar la producció de l'empresa, però que requereixi que introdueixis informació per planificar-la, quan és una necessitat que no tens. Et pots trobar havent de recopilar i introduir informació que només servirà per mantenir el sistema "content" perquè ha estat concebut d'aquesta manera, i no perquè sigui un requisit real de l'empresa.

#2 Fa el que necessitaré demà?

Les empreses evolucionen i si no ho fan, és mal senyal. El mercat és dinàmic i les necessitats van apareixent constantment. La pregunta, doncs, és clara: L'eina permetrà futures adaptacions? Em permetrà créixer o, al contrari, em limitarà el creixement?

Ja hem dit anteriorment que un ERP hauria de ser útil a l'empresa durant molts anys. Es fa molt difícil pensar que, en tot aquest temps, el motor de la nostra empresa no necessitarà cap ajust, que no hi haurà cap canvi de normativa legal (algú es creu que no hi haurà cap pujada d'impostos, per exemple?), que no canviarem

algun aspecte relacionat amb la producció, l'emmagatzematge o la distribució... Què passarà quan tot això passi? Quines possibilitats donarà l'eina?

No et compris cap solució que incorpori moltes més funcionalitats de les que necessites. Però tampoc te'n quedis cap que et limiti el creixement.

#3 Quin cost anual tindrà el seu manteniment? Quines sorpreses porta el *software*?

Vols un ERP i estàs disposat a pagar-lo. Però oi que l'any que ve també el voldràs? Doncs segurament hauràs de continuar pagant, malgrat que difícilment els comercials t'ho explicaran. Demana una simulació de costos a 1, 3 i 5 anys vista. Interessa't pels costos associats als canvis de versions, a la renovació de les llicències, al servei postvenda, a la formació de nous usuaris.

I demana també pels costos col·laterals. Per instal·lar aquest *software* has d'invertir en un nou *hardware*? Has de tocar les bases de dades? Has d'implementar o substituir algun programari preexistent? Exigeix transparència des del minut zero. La necessitaràs.

#4 Què passa amb les llicències?

Ja ho hem explicat, però en l'àmbit del programari privatiu, el més normal és que necessitis una llicència per a cada usuari que hagi d'utilitzar el programa. Si la teva empresa té 30 empleats que han de treballar sobre l'ERP d'una manera o una altra i des de les seves respectives àrees, hauràs d'assumir el cost de 30 llicències. I, per descomptat, si les coses no van tal com esperes, no les podràs tornar. Les hauràs pagat per tot l'any i no hi haurà res a discutir.

Valora els beneficis i els inconvenients del sistema de llicència en comparació amb el programari lliure, que et permetrà fer tantes instal·lacions i donar tants permisos com vulguis sense cap repercussió en el cost del *software*. I pensa el mateix pel delicat moment de les renovacions anuals.

Nosaltres ens guanyem molt bé la vida gràcies a clients que no estan disposats a pagar el preu abusiu que els reclamen per la renovació anual de les llicències. Sabem de què parlem.

#5 Què passa amb les noves versions?

L'actualització de versions hauria de ser una bona notícia per a la companyia perquè se suposa que serveixen per millorar el programa original, però de vegades sembla que només estiguin pensades per sembrar el pànic. Per una banda, cal tenir clar si l'actualització del *software* va inclosa en el preu o si caldrà assumir-ne un cost addicional, i, per l'altra, cal creuar els dits perquè no suposi l'alteració de processos que fins al moment funcionaven de forma correcta. A més, quan hi ha una nova versió, cal revisar quines millores aporta i, sobretot, a quines adaptacions pot afectar.

Un baix ritme d'actualitzacions també pot ser un problema, perquè pot indicar una baixa flexibilitat del programa a incorporar els canvis i les millores necessàries.

Insisteix en aquest aspecte. Que t'expliquin bé com resolen aquesta situació i quins recursos et suposarà. I si et diuen que no hauràs de pagar res, desconfia. Hi ha grans fabricants que només donen servei tècnic als usuaris de les dues darreres versions. El peatge és, doncs, alt i sovint ocult.

#6 Quin lligam tinc amb el proveïdor?

Llegir la lletra petita fa molta mandra. Però et podem assegurar que canviar de proveïdor encara en fa més. D'entrada, perquè quan canvies és mal senyal. Vol dir que no t'entens amb l'empresa que t'ha de prestar el servei, que penses que els seus professionals no són prou competents o que no t'estan cobrant un preu just.

I també fa mandra perquè no necessàriament és un pas senzill. Els contractes amb els proveïdors o *partners* d'eines de gestió poden incloure clàusules o lligams ocults que massa sovint no s'expliquen en el moment de la negociació o de la venda. Hi ha fabricants, per exemple, que obliguen a pagar uns diners cada any simplement per tenir el dret que el proveïdor ens pugui prestar el servei postvenda. D'altres es reserven l'exclusivitat de la instal·lació de noves versions... En definitiva, que cal aclarir perfectament aquest punt.

#7 Demà qui em donarà suport? Qui m'ajudarà?

Tenir un ERP és fàcil. Que faci el que nosaltres volem no tant. Partint d'aquesta premissa i de la nostra experiència, et podem assegurar que hauràs d'acudir puntualment al teu proveïdor per resoldre tot tipus d'incidències. Algunes poden ser d'origen; d'altres, de sobrevingudes per noves necessitats o canvis normatius; també han de venir noves versions que poden afectar a les adaptacions fetes amb anterioritat… Aquest darrer aspecte és important, perquè no te n'escaparàs. L'escenari és el següent: com que la teva empresa té unes necessitat específiques, faràs modificacions al programa. Però… aquestes adaptacions funcionaran quan arribin noves versions? O s'hauran de readaptar? I si és així, a quin preu?

Et convé no menystenir gens el servei postvenda de l'eina, fins al punt que hauria de ser un element clau a l'hora de prendre la decisió final. Les preguntes a què has de buscar resposta en aquest punt poden ser les següents: Qui em donarà el suport? Quan tingui un problema, qui me'l resoldrà i de quina manera? I si la incidència és deguda a un error del programa, algú me'l podrà resoldre? O el fabricant se'n desentendrà? No oblidis mai que tots els programes tenen errors i si et diuen el contrari, és que el suport que ofereixen és pèssim o inexistent.

Dit d'una altra manera… no tan sols has de buscar un bon programa, també has de buscar un bon proveïdor. Busca algú que et generi confiança, que vegis preparat tecnològicament i, sobretot, que entengui el teu negoci i les teves formes de treballar. També et recomanem que truquis a algun dels clients del potencial proveïdor (segur que trobes els casos d'èxit a la seva web) i que els preguntis sobre el servei post-venda que ofereixen. Un parell de trucades et poden estalviar molts disgustos.

#8 Puc disposar d'una "demo" per provar-la quan jo vulgui?

Estàs a punt de comprar un cotxe de 25.000 euros. Oi que t'agradaria provar-lo abans? I no ho faràs amb un *software* que potser et costa 2 o 3 o 4 vegades més? Demana'n una demostració. Però no que vingui algú amb un ordinador i t'ensenyi una versió de prova, no. Demana que t'instal·lin el programa en el teu ordinador durant un parell de setmanes, que el puguis provar i examinar, que t'hi familiaritzis. És necessari que t'apareguin els dubtes, que vegis el que t'agrada i el que no. Es tracta de que puguis simular els processos de la teva empresa amb dades reals, de com gestionaràs les excepcions o els escenaris poc freqüents, que comprovis que

la lògica de l'eina va sincronitzada amb la lògica de la teva empresa. Se suposa que el *software* s'hauria d'adaptar a les teves necessitats i no a la inversa.

És possible que el comercial de torn no rebi aquesta idea amb gaire entusiasme, però insisteix. No hi ha res millor que provar el que estàs disposat a comprar.

#9 Puc formar-me abans de comprar el *software*?

És una pregunta poc habitual, però fonamental. Un cop tinguis clar quina eina et sembla que és la més adequada i que s'ajusta millor a les necessitats actuals i futures de la teva empresa, et recomanem que contractis una formació al mateix proveïdor abans de contractar el servei o de comprar el programari. Seria com la parella que passa uns mesos de convivència abans de decidir casar-se.

Aquesta formació no seran mai diners perduts. En primer lloc, perquè si el programa és l'adequat, ja tindràs la formació feta. Feina avançada. Però si resulta que el programa no és l'adequat, la formació t'haurà permès no prendre una mala decisió, que no és poca cosa. No casar-te amb la persona amb qui no encaixes sembla oportú, oi? Però és que, a més, hauràs adquirit nous coneixements sobre les possibilitats del tipus d'eines que vols adquirir i de la tecnologia que hi ha al mercat. Això et permetrà buscar alternatives i reavaluar les que en principi havies descartat. En tot cas, sempre és una inversió en know-how que queda a l'empresa.

Conclusió: no et casis fins que no n'estiguis totalment convençut. I segueix el **CONSELL NÚMERO 6: contracta una formació del *software* que pensis que t'acabaràs quedant, però no prenguis la teva decisió definitiva fins que hagis acabat la formació.**

#10 Respon a la meva estratègia empresarial?

La darrera pregunta te l'has de preguntar i respondre tu mateix. Un cop tinguis la resposta a les 9 preguntes anteriors tindràs, per un costat, un munt d'informació i coneixement; per l'altre, tindràs a un bon grapat de comercials histèrics per tancar la venda.

És el moment de prendre la decisió. L'eina ha de resoldre les teves necessitats actuals... i les futures. I, per tant, ha de respondre a una estratègia i a una filosofia

empresarial. Pensa en quin model de gestió vols per a la teva companyia i quin dels programes avaluats respon millor a aquesta idea. I revisa també si l'eina ve per resoldre els objectius que t'havies marcat inicialment o si pel camí estàs somiant en coses que no resolen el problema que tens damunt la taula.

8 / Decideix

Oi que semblava impossible? Doncs, ja has arribat al final del procés. I si tot ha anat com hauria d'anar, hauries de tenir força clara la idea de quin programa necessites i quin programa et quedaràs. I també hauries de saber a qui li compraràs.

T'has documentat sobre fabricants i distribuïdors. Has analitzat les necessitats presents i futures. Has comparat tecnologies i models de negoci. Has conegut comercials agradables i d'altres amb els quals no compartiries ni un viatge amb ascensor. Has detectat possibles paranys i lligams ocults. Has vist preus desmesurats i massa diferents entre si.

I has compartit tot aquest procés amb una part del personal de la companyia. Ha arribat l'hora d'exercir el dret a decidir. Tu que pots, aprofita-ho.

I per fer-ho, agafa un paper i apunta els pros i els contres dels dos o tres productes que hagin arribat a la final del campionat d'Anem a Triar un ERP. Exposa-ho als teus companys i mostra quins són els arguments a favor del producte i a favor del proveïdor que proposes. I si esteu tots d'acord en la decisió, no feu patir més el comercial i truqueu-li.

9 / Els consells imprescindibles

Consell número 1: comença a treure't del cap el fet de seleccionar el programa ràpidament i de posar-lo en marxa en pocs dies o setmanes.

Consell número 2: la primera cerca ha de ser més exhaustiva del que pensaves. Hauràs de dedicar-hi més temps, ampliar el zoom i allunyar-te dels missatges comercials intencionats.

Consell número 3: quan facis la recerca, no descartis mai les solucions en programari lliure. Analitza-les i valora-les sense prejudicis i pensant en el benefici per a la teva empresa.

Consell número 4: ni se t'acudeixi escollir una eina de gestió tu sol. Tot i que suposi invertir temps d'altres empleats i directius de la companyia, escolta molt la seva opinió i fes-los participar de la decisió final.

Consell número 5: davant de dues possibilitats sense grans diferències tecnològiques ni econòmiques, prioritza la bona sintonia i complicitat amb qui te l'ha d'instal·lar, i difícilment t'equivocaràs.

Consell número 6: contracta una formació del *software* que pensis que t'acabaràs quedant, però no prenguis la teva decisió definitiva fins que hagis acabat la formació.

10 / Glossari

Massa sovint, els professionals del *software* de gestió empresarial utilitzem un lèxic que és tan habitual per a nosaltres com exòtic per als nostres interlocutors. Emprem expressions, anglicismes o termes molt tècnics que o bé es desconeixen, o bé es presten a confusió.

No volíem acabar aquesta guia sense fer un petit glossari de termes que acostumen a utilitzar-se en un procés de selecció d'una eina d'aquestes característiques amb l'objectiu d'esvair dubtes i aclarir conceptes.

Aquestes expressions són les que ens han semblat imprescindibles:

Base de dades. Segons la Viquipèdia, una base de dades és un conjunt de dades organitzades segons una estructura coherent, i accessibles des d'un o més programes o aplicacions. En definitiva, és a un ERP el que la benzina a un motor. Tenir les dades ben emmagatzemades és el primer pas (d'uns quants) per a la gestió correcta i eficient d'una empresa.

Business one. És el producte estrella de la companyia alemanya SAP per a la gestió de PIMES. És un programa privatiu que es ven amb el tradicional sistema de llicències i que està força estès entre moltes companyies.

Cloud. El *cloud* o *cloud computing* és una nova manera d'oferir serveis informàtics i que es fonamenta en l'accés a Internet o a la xarxa de dades. La idea és que la tecnologia està allotjada i centralitzada en uns servidors externs, i l'usuari paga per accedir-hi a través d'Internet. Això li estalvia despeses de manteniment i *hardware*, i li permet pagar només quan ha d'utilitzar els serveis que desitja.

Consultoria. El procés d'implantació d'un ERP en una empresa sempre passa per una primera fase de consultoria. L'objectiu és diagnosticar adequadament quines són les necessitats reals de l'empresa i les expectatives dels seus gestors per poder fer després correctament la programació i implantació del *software*.

CRM. El Customer Relationship Management és l'eina que venera el departament de màrqueting. Permet controlar, analitzar i gestionar totes les oportunitats de

negoci, així com les relacions amb els clients ja consolidats. La seva integració amb l'ERP és clau per prendre decisions estratègiques en l'àmbit de les vendes.

E-Commerce. Tothom sap què és l'*e-Commerce*, però tothom ens pregunta com es relacionen les plataformes de venda *on-line* amb els ERP. Cal estudiar cada cas, però sempre som del parer que cal la màxima integració per sincronitzar al màxim l'evolució dels respectius *softwares*. En tot cas, sàpigues que les solucions de comerç electrònic més populars del món s'han desenvolupat amb programari lliure.

ERP. Si estàs llegint això, mal senyal. Tota la guia va sobre ERPs, que són els programes que articulen la gestió d'una empresa (també coneguts com Enterprise Resource Planning). La idea general era explicar-te com afrontar el complex procés de selecció d'aquest tipus d'eines.

Formació. La formació és un altre moment important en el procés d'implantació d'un ERP. Gairebé sempre es fa al final del procés, un cop s'ha arrencat el programa i s'ha d'explicar als usuaris com fer-lo anar. Però en aquesta guia hem insistit molt en la necessitat d'encarregar una formació prèvia adreçada a qui hagi de decidir l'eina que s'acabarà instal·lant. Això li garantirà un coneixement profund de les possibilitats del producte i li permetrà minimitzar els riscos de la decisió.

Implantació. Instal·lar un ERP no és com descarregar-se una aplicació per al mòbil. Requereix hores de planificació i de programació abans d'arribar a aquest punt, que és quan s'instal·la en el maquinari de l'empresa. És un moment delicat que si no es fa amb professionalitat pot portar els nervis i la tensió al límit. Cal confiar en el proveïdor escollit i assumir que sempre caldrà fer ajustos posteriors.

Llicència. Terme temut i odiat pels usuaris de programari privatiu, perquè és sinònim de diners a canvi d'un ús individual d'un programa. En canvi, és completament inofensiu per als que defensem i recomanem l'ús de solucions basades en el programari lliure.

OpenERP/Odoo. És una de les solucions de gestió empresarial més populars en codi obert. De fet, nosaltres vàrem començar recomanant i instal·lant aquesta solució, però la manca d'una planificació a mitjà i llarg termini de desenvolupament i alliberament de noves versions, combinada amb l'aparició de nous lligams poc transparents amb els usuaris ens va desencisar. Ara, als nostres clients els recomanem Tryton (vegeu el darrer punt del glossari).

Navision. Un altre exemple d'ERP privatiu molt estès i, en aquest cas, fabricat per Microsoft. Podríem dir que és el clàssic del sector, amb una gran quantitat d'usuaris arreu del món, ja que va ser llençat al mercat a mitjans dels anys 80. Tot i permetre més personalització que altres solucions com SAP, la política tan agressiva de Microsoft pel que fa a les llicències li està fent perdre quota de mercat en favor d'eines en codi obert.

Partner. És el distribuïdor de tota la vida, però que en l'àmbit del *software* de gestió ens agrada dir-ne *partner*. Com ja hem explicat en les pàgines anteriors, és bàsic que establiu un clima de confiança mútua per afrontar la instal·lació de l'ERP.

Programació. La programació és amb el que ens guanyem la vida els informàtics, i especialment els que treballem amb programari lliure i no ens dediquem a vendre llicències de productes. Principalment desenvolupem tot el que ens demani el client per optimitzar al màxim l'ús del nou programa. Molta de la feina té a veure amb la integració amb les bases de dades o amb el programari ja preexistent a l'empresa. També fem adaptacions a les noves versions i atenem necessitats sobrevingudes.

Programari lliure. Hem dedicat tot un capítol a explicar què és el programari lliure o *open source*. N'hem detallat els avantatges i els inconvenients, i ens hem esplaiat amb els models de negoci que hi ha al voltant d'aquesta filosofia. Per resumir: és el *software* que es pot utilitzar, copiar o modificar sense cap tipus de restricció. El seu ús és gratuït i qualsevol pot veure com està construït i modificar-lo segons cregui convenient.

SaaS. Té molt a veure amb el *cloud computing*. De fet, és una conseqüència d'allotjar la tecnologia en els servidors externs. És l'acrònim de *software as a service* i la idea és la d'allotjar les dades i la tecnologia en el *cloud*, i consumir-les segons les nostres necessitats com un servei i no com un producte. Això permet estalviar en manteniment i altres despeses associades.

Tryton. És la nostra aposta com a ERP. És el producte robust, transparent, flexible i obert que recomanem als nostres clients i sobre el qual construïm les seves perspectives de negoci (i també les nostres, per què negar-ho?). Tecnològicament està al mateix nivell o per sobre d'altres solucions esmentades en aquest mateix glossari. Val la pena tenir-lo en compte.

11 / Annex

Algunes consideracions sobre el programari lliure que no ens volem estar d'exposar en aquesta guia. Perquè, no ens enganyem, el *software* en codi obert encara genera reticències, ni que sigui per desconeixement. Molt sovint ens trobem amb tres preguntes recurrents sobre el nostre àmbit de negoci que mereixen ser contestades.

El programari lliure és fiable?

Fa uns anys, la imatge del programari lliure no era la millor. Semblava quelcom reservat per ocupar les hores de lleure dels informàtics que treballaven per a les grans empreses de *software*. Semblaven productes absolutament alternatius que en cap cas podien ser competència del programari tradicional. I diem "semblaven" perquè molts d'ells ja mostraven una robustesa inicial que ja voldrien molts programes privatius. Però s'ha admetre que calia fer un acte de fe important per confiar en aquest tipus de programes, en el qual gairebé mai s'ha invertit ni un euro en màrqueting.

Afortunadament, això ha canviat. I ho podem demostrar. De fet, el programari lliure ha passat de ser quelcom estrany a ser extraordinàriament comú a les nostres vides. Sistemes operatius per a mòbils i tauletes tan populars com Android o Firefox OS, navegadors com Chrome, Firefox o Safari o el sistema d'impressió de Macintosh són exemples de solucions totalment, o en un gran percentatge, desenvolupades sobre programari lliure i que utilitzen diàriament milions de persones arreu del món. Dit d'una altra manera, és francament complicat trobar algú que no tingui una eina que s'hagi desenvolupat amb programes *open source*.

I no cal dir altres exemples més clàssics com OpenOffice o LibreOffice (*suites* ofimàtiques altament compatibles amb Microsoft Office), GIMP (un editor d'imatges), Wordpress (el CMS sobre el qual es construeixen la majoria de pàgines web), SugarCRM (gestor d'oportunitats de negoci) o les botigues d'*e-commerce* més importants. De fet, en alguns àmbits, el programari lliure és l'únic que s'ha instaurat. Un bon exemple són Magento i Prestashop, eines per construir botigues *on-line* que s'han convertit en els autèntics amos d'aquest sector, en el qual s'utilitzen ben poques solucions de programari propietari.

A banda d'aquestes eines molt esteses, també val la pena esmentar que la infraestructura informàtica d'empreses com Google, Facebook, Twitter o entitats bancàries utilitzen molt programari lliure. Per tant, resulta evident que el programari lliure ja no és un simple entreteniment dels informàtics. Estem al davant d'una manera d'entendre el *software* que està canviant els paradigmes de la indústria a tots els nivells. I, per tant, estem davant d'uns productes extraordinàriament fiables.

Un últim apunt: segons l'observatori CENATIC (organisme públic espanyol), el 91% d'empreses TIC de l'Estat espanyol utilitza programari lliure d'una forma o d'una altra.

> **Quim Gil, *Wikimedia***
>
> «Crec que avui en dia estem deixant una mica enrere aquella situació en la qual, per defecte, tu compres llicències i si vols utilitzar programari lliure, has de donar explicacions al Consell d'Administració. Ara, una empresa innovadora "normaleta" d'Estats Units ha de donar una explicació de per què ha hagut de pagar alguna llicència per alguna cosa.»
> http://www.nan-tic.com/ca/quim-gil

D'on surt el programari lliure? Com es fabrica?

Molt bé. El programari lliure és una cosa oberta, transparent i gratuïta. Però qui el fabrica? I com es guanya la vida la gent que inverteix el seu temps en això?

Possiblement no hi hagi res que espanti més als potencials usuaris de l'*open source* que pronunciar la frase "No hi ha cap empresa que fabriqui aquest programa". La reacció immediata és posar l'*open source* en el calaix mental de les coses que no ens interessen i que ens poden aportar més problemes que solucions. "A qui demanaré ajuda quan hi hagi un problema? A qui reclamaré?" acostumen a ser les frases per defecte que es retornen a l'interlocutor.

Calma. Si tinguessis una malaltia desconeguda i necessitessis atenció mèdica, què preferiries: tenir a l'abast tot el teu historial mèdic i poder triar el metge o els metges de qui volguessis un diagnòstic o haver d'anar a l'única clínica on tenen la teva informació? Un informàtic ve a ser com un metge d'ordinadors i quan un pot accedir al codi font, sempre tindrà recursos per intentar curar el pacient. En canvi, estar captiu d'una única clínica hauria de ser més preocupant.

Però deixem els metges tranquils per una estona i centrem-nos en la frase que ha sembrat el pànic. Efectivament, al darrere de molts productes fets amb programari lliure no hi ha un únic fabricant. De fet, acostuma a haver-hi molts professionals i amb molts punts de vista diferents. El programari lliure està construït a partir de la cooperació i no de la competició. Això vol dir que la millora que qualsevol client reclama al seu informàtic o al seu proveïdor pot ser aprofitada immediatament a l'altra punta del món sense cap restricció.

Tot plegat es tradueix en el fet que tothom està interessat a fer evolucionar el programa, a millorar-lo constantment. I a més, a fer-ho des de punts de partida radicalment diferents. El resultat acostuma a ser el d'un *software* molt més viu, que ha estat dissenyat per enginyers informàtics amb punts de vista radicalment diferents i que ha respost a centenars de reptes plantejats per usuaris de qualsevol punt del món. Podríem dir que seria molt difícil trobar laboratoris informàtics d'I+D+I amb millors resultats que els que ofereixen els programes de codi obert.

De què viuen les empreses que desenvolupen programari lliure?

Així d'entrada, invertir temps a fer una cosa que després regales no semblaria el millor negoci del món. Per això, molta gent ens pregunta quin model de negoci hi ha al darrere de l'*open source*. De fet, ens ho pregunten més directament: "De què viviu?". Una pregunta molt raonable. I més quan hi ha empreses que utilitzen el programari lliure com a reclam comercial i no pas com a filosofia de treball.

Però la veritat és que hi ha molts possibles models de negoci al voltant del programari lliure. Anem a repassar els més significatius per entendre quin tipus de proveïdor podem trobar-nos si optem per aquest tipus d'eina.

Exemple 1: empresa o professional que crea i millora un producte

Cal tenir molt de temps, coneixements i experiència, però hi ha diversos exemples de persones i empreses que viuen d'haver desenvolupat ells mateixos un producte de programari lliure. Fins aquí, el negoci és ruïnós, però, després, aquestes persones ofereixen alguns serveis, normalment de desenvolupament sobre aquest producte bé sigui perquè els seus clients els demanen millores específiques per a ells o perquè un grup de clients reclamen una evolució del producte.

Normalment estem parlant d'autònoms o empreses molt petites. Alguns bons exemples poden ser els següents:

Emweb, (http://www.emweb.be), és una petita empresa belga. Són els creadors d'una eina molt interessant anomenada Wt (http://www.webtoolkit.eu) per a la creació d'aplicacions web amb els llenguatges de programació C++ i Java.

Richard Stallman: a banda de ser un dels principals impulsors del programari lliure a escala mundial, també va crear un programa per editar text anomenat Emacs i es guanyava la vida cobrant per les millores que li demanaven alguns usuaris. Cal tenir en compte que és un programa molt estès i proporcionalment tenia pocs encàrrecs.

Exemple 2: col·laboració entre diverses empreses de serveis

És una certa evolució del cas anterior. Per la naturalesa del producte, en lloc d'haver-hi una sola persona o una empresa petita que tregui un benefici econòmic de l'ecosistema que crea un programa, són diverses les persones i empreses que ho fan. D'alguna manera, aquells que col·laboren en el projecte comparteixen els costos de mantenir-lo entre tots i es guanyen la vida oferint serveis sobre el producte a altres empreses.

Un bon exemple és Tryton. Tryton és un ERP, un programa de gestió empresarial principalment impulsat per l'empresa belga B2CK, però en el qual col·laboren altres empreses activament a fer-lo créixer gràcies a les demandes que fan els seus clients.

Perquè ens entenguem, nosaltres ens guanyem la vida així.

Exemple 3: fundacions que gestionen recursos

Saltem de pantalla i anem a la dels projectes força grans. Aquí hi ha interessos de grans empreses, les quals, a diferència dels casos anteriors, no viuen directament del programa o de serveis al voltant del programa en codi obert. Un exemple fàcil d'entendre és el del sistema operatiu per a tauletes i mòbils FirefoxOS. Aquest *software* lliure està desenvolupat per la Mozilla Foundation, que rep aportacions d'empreses tan poc donades a la filantropia com Movistar.

Més exemples són l'Apache Foundation, que, com en el cas anterior, manté nombroses aplicacions, o la Document Foundation (que està darrere del paquet ofimàtic LibreOffice), així com l'Eclipse Foundation, la Python Foundation i moltes més. No cal dir que, sovint, no solament hi ha grans empreses finançant les fundacions, sinó que també hi pot haver persones físiques que hi col·laboren perquè en són usuaris satisfets.

Exemple 4: crear una versió lliure i una de privada i que la gent exerceixi el dret a decidir

Fins ara hem parlat de programari lliure sense limitacions, però quan les empreses es volen dedicar al desenvolupament de programari lliure i, a més, tenir un fort creixement, es troben amb el problema que això és incompatible. Com es pot tenir un fort creixement si tot el que fas ho poses disponible gratuïtament a Internet en format de barra lliure?

No és gaire original, però algunes empreses han optat per fer servir el programari lliure com a reclam publicitari però oferir quelcom "millor" que no és lliure. El cas més habitual és crear una versió del programa anomenada Community, que és la lliure i gratuïta del programa. Se solen habilitar fòrums perquè els desenvolupadors que vulguin hi facin aportacions, però a l'hora de la veritat difícilment s'incorporen canvis fets per persones alienes a l'empresa fabricant.

A banda de la versió Community també ofereixen la versió Enterprise (o qualsevol nom que se li assembli), que incorpora més funcionalitats, de manera que aquells qui vulguin aquestes millores hauran de pagar i, normalment, la llicència ja no serà lliure. Val a dir que, en molts projectes d'èxit, la versió Comunitat està àmpliament utilitzada i només empreses molt grans opten per la versió Enterprise, de manera que hi ha diverses empreses d'èxit amb aquest model.

Vegem-ne alguns exemples:

JasperSoft: editora de diverses solucions integrades de Business Intelligence i amb una trajectòria consolidada.

Pentaho: com en el cas anterior, també ofereixen una solució completa i integrada de Business Intelligence i amb molts anys en el mercat.

OpenBravo: en aquest cas es tracta d'una empresa amb capital català que ha creat un ERP (una eina de gestió empresarial). Ofereixen una versió Comunitat lliure, però relativament limitada, de manera que algunes àrees, com la de producció, són de pagament i amb una llicència privativa. L'usuari pot disposar del codi, però no el pot redistribuir ni, per tant, millorar i reduir costos a llarg termini. És programari lliure? Mmmmm.... El vegetarià que el cap de setmana es fa una costellada és un vegetarià? Pensem-hi.

Magento: és una de les solucions *e-commerce* més utilitzades a escala mundial. La versió bàsica és gratuïta, lliure, oberta i el que vulguis, però si necessites certs extres desenvolupats, has de passar per caixa.

Exemple 5: vendre *software* que és gairebé lliure

També hi ha el cas d'empreses que han renunciat a fer aquestes dues versions i que han optat per fidelitzar els seus clients amb alguns lligams no del tot transparents.

Aquest és el cas d'OpenERP, el qual ofereix el programa de forma gratuïta, però quan hom vol passar a la següent versió del programa, no disposa de cap procés que ho permeti. Així que o bé se'l desenvolupa ell (cosa pràcticament impossible i molt poc pràctica) o acaba pagant a l'OpenERP SA perquè li faci la feina.

En aquest cas s'aprofiten d'un dels principals errors que cometen les empreses a l'hora de seleccionar una eina de gestió: no tenir en compte l'evolució del producte. És a dir, no calcular quins costos tindrà el manteniment i l'evolució del *software* en els anys posteriors.

Exemple 6: doble llicència

El darrer exemple de model de negoci sobre programari lliure és el de doble llicència i és potser el més complicat d'entendre, perquè el solen portar a terme empreses que ofereixen la solució a altres empreses d'informàtica.

En aquest cas, l'empresa desenvolupa un producte totalment lliure, però en manté la propietat intel·lectual. Això li permet oferir el programa amb la llicència lliure i al mateix temps oferir-lo amb una llicència no lliure. Alguns tipus de llicències

lliures obliguen a l'usuari que si hi fan canvis, quan redistribueixin el programa hauran de redistribuir també els seus canvis. Això fa que les empreses que volen dedicar-se a fer programari propietari no poden utilitzar un programa lliure com a punt de partida.

La doble llicència permet al fabricant oferir el programa totalment lliure i gratuït a tothom qui el consumeixi amb les regles de la llicència lliure, mentre que aquell qui vulgui utilitzar-lo, modificar-lo i cobrar llicència als seus clients haurà de pagar al fabricant. D'aquesta manera es permet al "consumidor" triar quines normes del joc pot seguir: lliure o propietari.

És complicat, però hi ha qui s'ha arribat a guanyar la vida amb això.

www.ingramcontent.com/pod-product-compliance
Lightning Source LLC
Chambersburg PA
CBHW040819200526
45159CB00024B/3042